フィギュアスケート ジャンプ完全レッスン

動画で 技術と魅せ方に差がつく

中野 友加里
監修
無良 崇人
協力

はじめに

私自身、もともと得意だと思っていたジャンプが、あるときからうまく跳べなくなり、加点がつかずに悩んだ時期がありました。いつの間にか悪い癖がついてしまい、それが伸び悩む原因になっていたからです。現役を引退した今、あらためて基礎の重要性を実感しています。だからこそ、これからジャンプを学びはじめる人はもちろん、日本のトップを目指す選手であっても基本がいかに大切かを知って欲しいと思っています。基本を身につければ見栄えの美しさだけでなくジャンプの成功率も高まります。ぜひ本書を参考にして「お手本」のようなジャンプを身につけてください。

監修

中野友加里
（なかの・ゆかり）

愛知県出身。3歳でフィギュアスケートと出会い、伊藤みどり、トーニャ・ハーディングに次ぐ、世界で3人目となるトリプルアクセルに成功。スピンを得意とし「世界一のドーナツスピン」と国際的にも高い評価を受けた。2010年に競技生活を退いた後は株式会社フジテレビジョンに入社。現在は退社しスポーツコメンテーターや講演活動等を行なっている。主な実績に、2005年NHK杯優勝、2007年冬季アジア大会優勝。2005年GPファイナル3位、2006年四大陸選手権2位、2008年世界選手権4位などがある。

技術モデル

無良崇人

（むら・たかひと）

千葉県出身。父・無良隆志氏とともに、幼少期よりスケートの世界に足を踏み入れる。3回転アクセルの高さと幅は世界でも屈指。現役時代に日本フィギュアスケート界を支えた功績は大きく、国内外を問わず多くのスケーターから信頼を集めている。引退後はスケーティングパフォーマンスユニット「TEAM ORANGE CHEERS」の一員として、プロスケーター・解説者として活躍中。主な実績に、GPシリーズスケートフランス・カナダ優勝、四大陸選手権優勝 、全日本選手権歴代最多13回連続出場などがある。

フィギュアスケート ジャンプ完全レッスン
動画で技術と魅せ方に差がつく

CONTENTS

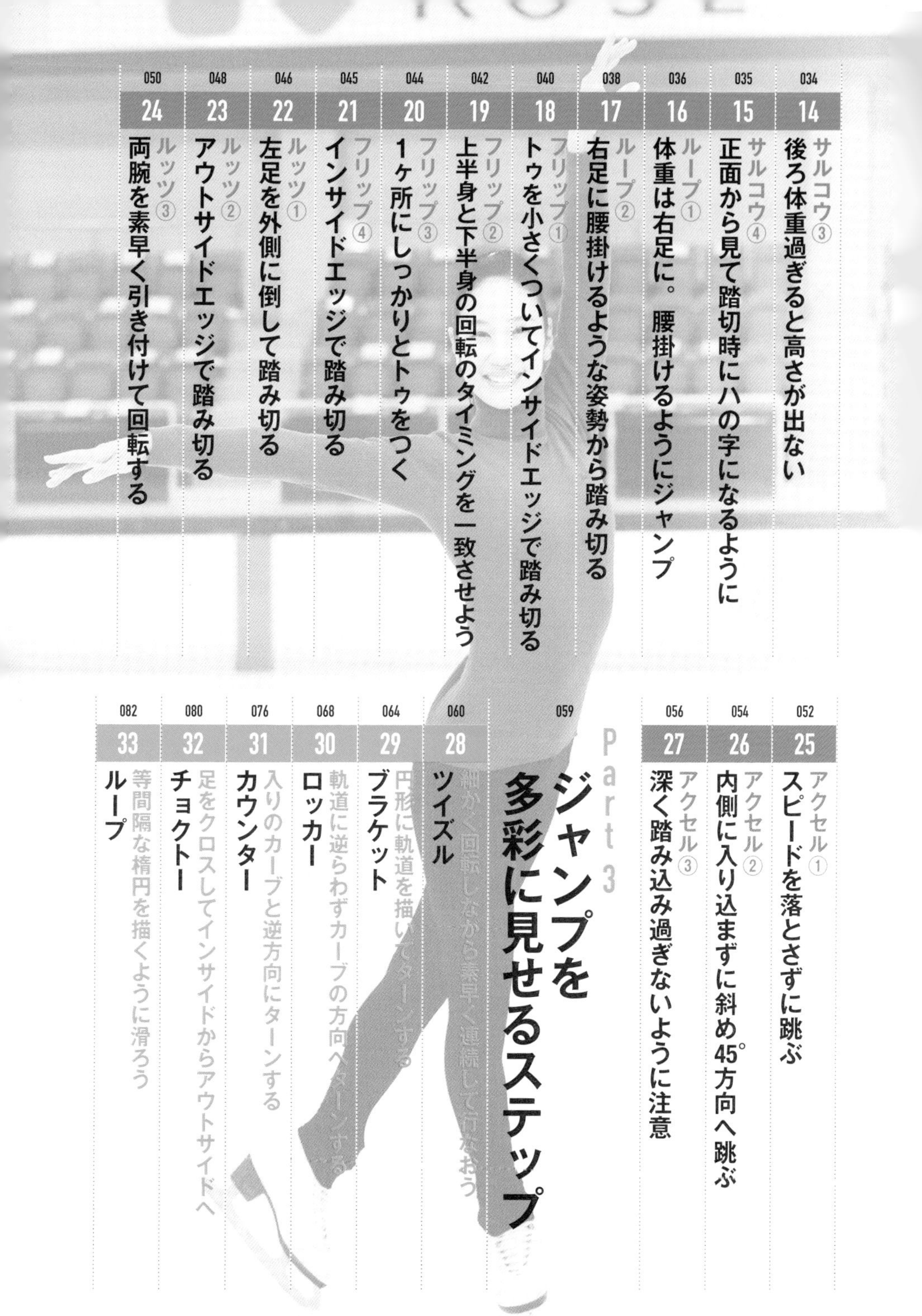

本書の使い方

QR動画の観方

本書の内容の一部は、動画にて動作を見ることができます。該当するページにあるQRコードをスマホやタブレットのカメラやバーコードリーダー機能で読み取り、動画を再生してください。

動画をチェック!

QRコードを読み取る

1 カメラを起動
スマホやタブレットのカメラやバーコードリーダーを起動します

2 QRを読み取るモード
「読み取りカメラ」など、QRコードを読み取れるモードにします。機種によっては、自動で読み取ることもできます

3 画面にQRコードを表示
画面にQRコードを表示させ、画面内におさめます。機種によっては時間のかかるものもあります

4 表示されるURLをタップ
表示されたURLをタップするとYouTubeに移動します。動画を再生してご覧ください

5
4
またぎジャンプにならないように注意
Check!
Check!
空中で足をハの字にする
お手本通りの正しい姿勢をおさらい
ジャンプの技術を身につける際に、もっともはじめに練習するのがワルツジャンプです。アクセルの基本となるジャンプで、右足を後方から前方に振り上げて跳び、空中で半回転回って右足から着氷します。フィギュアスケートをはじめたばかりの人でも比較的簡単に跳ぶことができますが、気をつけなければいけないのは、線や物をまたいで跳び越えるような「またぎジャンプ」になっていないかということです。氷上で爪先を回転させずに、跳び上がってからカラダを半回転させることがポイントです。また、またぎジャンプにならないためには空中で足をカタカナのハの字にすることを心がけると良いでしょう。難易度の高くないジャンプだからこそ、踏切姿勢、空中姿勢、着氷姿勢のどれもがお手本通りの形になっているかを確認することが大切です。
動画をチェック!
中野友加里's ADVICE
陸上でも半回転しようと思えば簡単にできますよね。だからこそ「またぎジャンプ」になりやすいんです。もう技術を身につけているという人でも、空中でしっかりと足の形が「ハの字」になっているか確認しながら練習してみましょう。
19

動画を観るときの注意点

①動画を観るときは別途通信料がかかります。できるだけ、Wi-Fi環境下で視聴することをおすすめします
②機種ごとの操作方法や設定に関してのご質問には対応しかねます。各メーカーなどにお問い合わせください

ALL PLAY

本書掲載の動画をまとめて確認できます

column

基礎技術を磨けば 多彩さや多様さが生まれる

ジャンプの技術を磨く上で、基礎トレーニングは必要不可欠だといえます。私自身もスケートをはじめた頃から、引退するまで基礎トレーニングにはかなりの時間を費やしてきました。朝６時から１時間かけてコンパルソリーを行なっていたこともあります。とても地味な練習ですし、根気も必要なのですが、この土台をしっかり固めておくことで、そこから先のジャンプやステップ、ターンといったさまざまな技術に派生していくと思います。基礎が身についていなければ点数も伸びませんし、多彩さ多様さも生まれません。今、日本には男女ともに世界のトップクラスで活躍する選手がたくさんいます。彼らもみな、間違いなく基礎トレーニングを大切にしてきた選手たちです。大きな大会に出場するためには、バッジテストをクリアしなければなりません。忍耐力の求められる練習かもしれませんが、ぜひ真摯に取り組んでほしいと思います。

Part 1 ジャンプ上達の基本

ジャンプ技術の上達にもつながる
基礎・基本を見直しましょう。

01

基礎・基本の徹底①

シングルで悪い癖はすべて修正する

練習のテーマ！▼

基礎を固めることが後々につながる

多彩さの土台となるのは
基礎技術

はじめに良い癖を
身につける

正しい基本と良い癖を身につける

フィギュアスケートの上達を目指す上で、基礎トレーニングはとても大切です。教科書通りのテクニックを身につけることを第一の目標にして練習を行なうと良いでしょう。

基本の習得は退屈に感じるかもしれませんが、基礎をおろそかにしていると後々とても苦労することになります。競技レベルが高くなるほど、ただジャンプを跳べるだけでは点数は伸びません。そんなときに立ち返るのは原点＝基本です。将来伸び悩むことがないように、ぜひ初心者のうちから基礎練習と真摯に向き合って欲しいと思います。

02

練習のテーマ！▼

基礎・基本の徹底②

苦手意識を持たずに底上げを目指す

どのジャンプも均等に練習しよう

苦手克服が
演技の幅を広げる

目で見て
真似することも大事

苦手なジャンプを克服して底上げを目指す

　ジャンプの得意・不得意はどうしてもでてきてしまうものですが、初心者から中級者であれば得意を伸ばすよりも、苦手なものも含めてあらゆるジャンプを均等に練習して底上げを狙う方が将来につながるといえます。勉強でも同じことが言えますが、一度苦手意識を持ってしまうと、自分の得意なジャンプや好きなジャンプばかりを練習してしまい、苦手なジャンプの練習はついつい後回しになってしまいます。苦手を克服してこそ演技の幅や技が豊富になります。好きな練習ばかりにならず満遍なく練習することを心がけましょう。

03

基本姿勢

正しいカラダの姿勢を見直そう

練習のテーマ！▼
肩、手、足の置き方をおさらいしよう

理想的な姿勢をチェック！

OK

NG
両手が上がっている

NG
背中が丸まっている

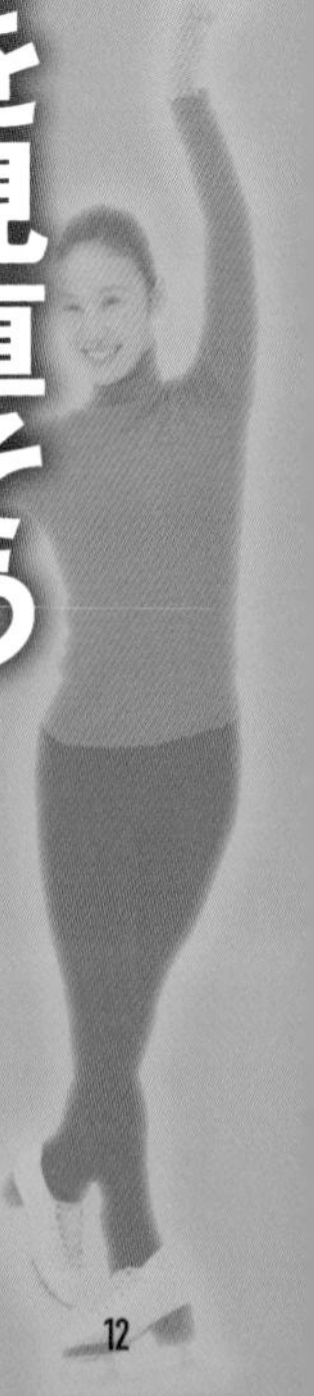

カラダを上下動させず滑らかに滑る

フォアのクロスでは、肩を上げずに背中から腰までをまっすぐに伸ばして滑りましょう。このとき、氷の下から磁石で操られているようなイメージで、頭の位置を動かさずカラダが上下動しないように意識しましょう。氷に吸い付くようなスケーティングができると、見栄えも良く高い評価を得られます。また、バックでは、前に置いている足はできるだけ氷から離さず、後ろにある足を蹴ってスピードを出すことができると、より滑らかで理想的なスケーティングが可能になります。さらにフォア、バックどちらも、手の位置や顔の向きを変えるだけで加速度は変わります。前傾し過ぎたり、手の位置が後ろ過ぎるとスピードを出すことはできません。自分がもっともスピードに乗れる姿勢を研究してみるのも良いでしょう。

正しい手の位置を確認しよう

OK 両手の肩の高さを一直線に

NG カラダが傾いている

04

スピードを上げやすい姿勢
前後左右のスケーティング技術を見直そう

練習のテーマ！▼
安定したスケーティングを身につけよう

スケーティング（前）

力みなくバランスが安定している

前傾して姿勢が悪い

動画をチェック！

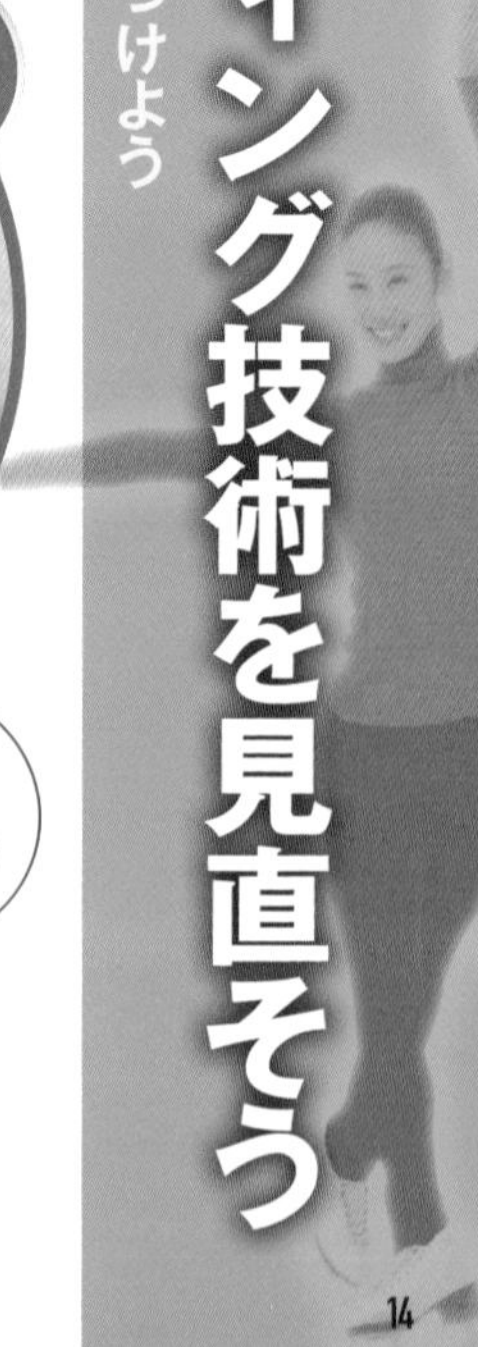

スピードが上がると魅力的に見える

ジャンプ技術の上達を目指す上で欠かせないのがスケーティング技術の向上です。スケーティングのスキルは、5コンポーネンツの表現面で評価されるほど重要な要素です。基礎で手を抜き技術の習得ばかりが先行してしまうと、トップを目指す過程で必ず壁にぶつかってしまいます。一度、肩の位置、手の位置、首の位置、足の置き方を確認してみましょう。これらを見直すだけで、驚くほどスピードが上がります。「スポーツはスピードに勝る魅力はない」と言われるように、スケートもスピードが抜きん出ていればとても魅力的に見えます。ジャンプが跳べていてもスピードがでないと5コンポーネンツで評価されません。基礎を積み重ねることでジャンプの質も向上していくと言えるでしょう。

スケーティング（後ろ）

OK
両手が肩の高さで
安定している
NG
前のめりになり
お尻が出ている

column

どうしてもできなければ一度止めてみる

ジャンプの練習を何回トライしても跳べないときは「一度練習を止める」のもひとつの方法です。それは、同じことを繰り返していても堂々巡りになるだけで、良い方向に発展しないからです。一度その練習から離れて別のジャンプを練習してみましょう。時間をあけるのではなく日にちをあける方が、打開策が見えてきやすいと思います。また、ジャンプの修正をする場合は、映像を有効活用することをおすすめします。練習中に動画を撮影し、練習後に見直してみましょう。このとき、良い部分だけでなく悪い部分を見つけることがポイントです。どうしても人間は良かった部分だけを見たくなりがちです。しかし、うまく跳べたジャンプだけでなく、失敗したジャンプの映像を見て課題を見つけることが次につながります。これは表現面においても同様で、プログラム全体を撮影し、それを見直して改善した上でどのように見え方が変化するのかを研究すると良いでしょう。

Part 2 ジャンプ上達テクニック

6種類のジャンプをうまく跳べるようになるためのポイントを確認しましょう。

05

ワルツジャンプ①

右足を振り上げて跳び空中で半回転する

練習のテーマ！▼
アクセルの基本となるジャンプを身につけよう

POINT！
空中姿勢で
足をハの字にする

POINT！
右足を後ろから
前に振り上げてジャンプ

5
4
またぎジャンプにならないように注意
Check!
Check!
空中で足をハの字にする

お手本通りの正しい姿勢をおさらい

ジャンプの技術を身につける際に、もっともはじめに練習するのがワルツジャンプです。アクセルの基本となるジャンプで、右足を後方から前方に振り上げて跳び、空中で半回転回って右足から着氷します。フィギュアスケートをはじめたばかりの人でも比較的簡単に跳ぶことができますが、気をつけなければいけないのは、線や物をまたいで跳び越えるような「またぎジャンプ」になっていないかということです。氷上で爪先を回転させずに、跳び上がってからカラダを半回転させることがポイントです。また、またぎジャンプにならないためには空中で足をカタカナのハの字にすることを心がけると良いでしょう。難易度の高くないジャンプだからこそ、踏切姿勢、空中姿勢、着氷姿勢のどれもがお手本通りの形になっているかを確認することが大切です。

動画をチェック!

中野友加里's ADVICE

陸上でも半回転しようと思えば簡単にできますよね。だからこそ「またぎジャンプ」になりやすいんです。もう技術を身につけているという人でも、空中でしっかりと足の形が「ハの字」になっているか確認しながら練習してみましょう。

06

ワルツジャンプ②
踏み切る際にトゥを回転させない

練習のテーマ！▼

「またぎジャンプ」にならないように注意

またぎジャンプになっている
NG

空中で両足を「ハの字」にする

ワルツジャンプは構えからやや前を向き肩を回転させて跳びはじめますが、このとき一緒に下半身も回転させ過ぎてしまうと「またぎジャンプに」なってしまいがちです。踏切前にトゥを回転させないように注意しましょう。また、踏切前に肩の位置が前に入り込んでしまい、背中が丸まっている人もよく見かけられます。背筋を伸ばして胸をはり、流れに逆らわないように意識することが大切です。空中では両足のヒザをまっすぐ伸ばし、足の形が「カタカナのハの字」になるように跳ぶことで見栄えが良くなります。

跳び上がってから
半回転しよう
3
2
1
NG
Check!
Check!
踏切前に爪先が
円を描いている

POINT！

ジャンプ前に構えたとき
前のめりに
なりがちなので注意

肩が前に落ちているると正しく踏み切ることができず、見栄えもよくないので注意

NG
OK

07

トゥループ①
左足のトゥをしっかりついてジャンプ

練習のテーマ！▼

後方に引っ張られるような感覚で跳ぶ

お手本
1
2
3
Check!
足幅を少し開いてトゥをつく
Check!
後ろ向きで踏み切る

POINT！

左足のトゥを
しっかりついてジャンプ

POINT！

後ろから引っ張られるような
イメージで跳ぼう

6
5
4
空中では背中を
まっすぐに
Check!

後ろ向きで左足のトゥをついて踏み切る

トゥループはフィギュアスケートのジャンプのなかでもよく取り入れられるジャンプです。コンビネーションジャンプの二つ目で多用されるジャンプでもあるので、しっかりと正しい基本を身につけることが大切です。ジャンプは後ろ向きで右足を曲げて軸とし、左足のトゥをついて踏み切ります。このとき注意したいのが必ず後ろ向きで踏み切ることです。一生懸命跳ぼうとするあまり上半身が先に回転してしまい、前向きで踏み切ってしまう人が見られます。これでは減点の対象となってしまいます。一度悪い癖がつくと修正するのにとても時間がかかってしまうので、焦らず正しい技術を習得しましょう。また、トゥをつくときは左右の足幅を少しだけ開くことで、ジャンプに幅を出すことが可能です。後方へ引っ張られるような感覚で跳びはじめるイメージを持つのも良いでしょう。

動画をチェック!

中野友加里's ADVICE

前向きで踏み切ると下で半回転回ってから跳ぶことになるため、いわゆる「ズルをしたジャンプ」になってしまいます。初心者にありがちなミスなのでとくに注意しましょう。たくさんのコンビネーションを跳ぶためにも気を付けたいポイントです。

08

トゥループ②

後ろ向きで踏み切って回転する

練習のテーマ！▼
トゥアクセルになっていないか確認しよう

NG
カラダが前を向いている

前を向いた姿勢のままトゥをつく

左足のトゥをついたときにカラダが前を向いている選手が見られます。必ず後ろ向きの状態でトゥをついて踏み切り、跳び上がってから一回転することを心がけましょう。後ろ向きで踏み切るとトゥアクセルと呼ばれるジャンプになり減点対象となってしまいます。とくに初心者や幼年期の選手は「回りたい気持ち」ばかりが先走ってしまい、下で半回転してから前向きで踏み切るジャンプになってしまいがちです。次のページで解説する上半身を回転させるタイミングとあわせて、正しい踏切姿勢を確認しておきましょう。

OK
3
2
1
後ろを向いたまま
トゥをつく
Check!

NG
3
2
1
カラダが先に
回転している
Check!

09 トウループ③

上半身を先に回転させない

練習のテーマ！▼

後ろ向きでトゥをつくジャンプを身につけよう

上半身が先行すると前向き踏切になってしまう

前向きで踏み切ってしまう原因のひとつとして考えられるのが、上半身が下半身よりも先に回転しはじめてしまうことです。一生懸命回転したいと焦るあまりに上半身が先行して回転してしまい、結果的に前を向いた状態で踏み切ることになってしまうのです。自分でも気づかないうちに癖になっている人が多いので、テストや本番のときだけでなく、普段の練習から「後ろを向いたままトゥをつく」ことをしっかり意識して、正しい姿勢を身につけることで、後々のバリエーションにも活きてきます。

OK
1
2
足幅を少し開いて
トゥをつく
Check!

NG
1
2
Check!
上半身が先に
回転しはじめている

NG POINT！

半回転回ってから跳んでいない？

Part 2
ジャンプ上達テクニック

10

トゥループ④ 跳ぶ前に前傾姿勢にならない

練習のテーマ！▼

前のめりな姿勢で踏み切るとミスをしやすい

前のめりになるとスピードが落ちてしまう

トゥループをうまく跳ぶためには、後方から誰かに引っ張られるようなイメージを持つことがポイントです。そのためには跳ぶ前に前傾姿勢にならないように注意しましょう。力いっぱい跳ぼうとするとカラダが前に倒れがちですが、前のめりになることでスピードが落ちてしまい、結果的に回転が不足してしまうこともあります。トゥループをはじめ、トゥをつくジャンプはできるだけ減速せずにジャンプへ移行することが大切です。意識を「後ろ後ろへ」持っていくことでリズミカルなジャンプを跳ぶことができます。

11

トゥループ⑤

足幅をやや開いてトゥをつく

練習のテーマ！▼
左右の足幅が近すぎると幅が出づらい

両足の足幅は広すぎず近すぎずが理想的

トゥループでジャンプの幅を出すためには、トゥをつくときに前後の足幅を少しだけ開くと良いでしょう。足幅が近いとその場で跳び上がることになるため、より大きな力が必要になります。少しだけ両足の距離を広げることで幅のあるダイナミックなジャンプを跳べるようになります。ただし、足幅を広げる意識が強過ぎると、p28のようにカラダが前傾しやすいので注意しましょう。また、足幅が広過ぎるのも禁物。ジャンプに力が入り高さが出なくなってしまいます。自分のちょうど良い足幅を見つけましょう。

12

サルコウ①
重心位置を意識しながら片足で跳ぶ

練習のテーマ！▼
後ろ体重になりすぎないように注意しよう

お手本
3
2
1
Check!
重心は後ろすぎず
前すぎない位置に
Check!
右足を
振り上げて跳ぶ

POINT！
正面から見たときに
足がハの字になるように

POINT！
後ろ体重になりすぎず
片足で跳ぶ

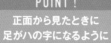

両足をついた踏切にならないように注意する

サルコウは右足を上げたまま左足で後ろ向きに滑り、右足を振り上げて跳ぶジャンプです。つまり左足（片足）で跳ぶジャンプですから、両足で踏み切ることがないように注意しましょう。右足がついてしまうと減点の対象になってしまいます。サルコウは近年、3連続ジャンプの3つめに使用されたりとコンビネーションに組み込まれることもあるジャンプです。正しい踏切姿勢を身につけられるように練習しておきましょう。踏切では正面から見たときに足の形が「ハの字」になっているのが理想です。また、うまく跳べない人の多くは後ろ体重になりすぎている傾向があります。踏み切るときは足と頭がまっすぐになるように意識しましょう。反復練習を繰り返して自分が跳びやすい体重の位置を確認することがポイントです。

動画をチェック!

中野友加里's ADVICE

重心の位置は繰り返し練習する中で、感覚的に身につけていくものだとも言えます。その一方で、跳び方の癖がついてしまいがちな部分でもあります。できるだけ基本にのっとった形で「良い癖」をつけて跳べるようになりましょう。

13

サルコウ②
右足に体重を乗せずに跳ぶ

練習のテーマ！▼

両足を氷につけた状態から跳びはじめない

右足に体重が乗っている
NG
OK

右足を氷につけずに振り上げる

サルコウは左足に体重を乗せたまま右足を振り上げて跳ぶジャンプです。しかし、右足にも体重をかけて「両足で跳びはじめている」のがよく見られます。

サルコウは片足で跳ぶジャンプなので、踏み切る際に右足がついているとGOEで減点対象となってしまいます。シングルジャンプを身につける時点でしっかりと習得しておきましょう。

左足に体重をかけたら、右足が氷につかないように、しっかりと足を前に振り上げましょう。そこからスムーズに回転動作に移ることがポイントです。

OK
1
2
3
右足をつけずに
片足で跳ぶ
Check!

NG
1
2
3
右足がつき両足に
なると減点対象に
Check!

14

サルコウ③

後ろ体重過ぎると高さが出ない

練習のテーマ！▼

理想的な重心位置を確認しよう

OK
NG
重心が後ろに寄り過ぎている

前過ぎず、後ろ過ぎず。個々で感覚を磨く

ジャンプ6種類の中でもサルコウは、あまり後ろに体重を置き過ぎると転倒してしまうジャンプです。前傾させるほど前体重になってしまうのは問題ですが、カラダの中心よりもやや前に重心を移動させると良いでしょう。どのジャンプにも共通することですが、重心の位置といった自分の感覚に頼らざるを得ない部分においては、なかなか教科書のお手本通りにいかないものです。しかしお手本に近い形を身につけることで格段にジャンプの成功率はあがります。できるだけ悪い癖がつかないように練習することが大切です。

15

サルコウ④

正面から見て踏切時にハの字になるように

練習のテーマ！▼

正しいスケーティング姿勢からジャンプへ

「ハの字」の姿勢からジャンプへ移行する

サルコウの正しい姿勢でよく指摘されるのが、跳びはじめる前のスケーティング時に、正面から見て足の形が「ハの字」になっているかどうかです。カラダが後傾したり、背中が丸まっていたり、上半身の姿勢が崩れると、自ずとスピードが落ちて高さがでず、質が良くないものになってしまいます。足の形はなかなか自分では気づくことができないポイントでもあるので、撮影した動画をチェックするなどして正しい形がとれているかを確認すると良いでしょう。悪い跳び方の癖をつけないことが何よりジャンプの精度を高めます。

16

ループ①

体重は右足に。腰掛けるようにジャンプ

練習のテーマ！▼
苦手になりやすいループのコツを学ぼう

お手本
1
2
3
Check! 前傾になりやすいので注意
Check! 回り込み過ぎないタイミングで踏み切る
Check! 右足に体重を乗せて跳ぶ

POINT！
後ろに腰掛けるような姿勢からジャンプ
POINT！
エッジの後ろ気味に乗る意識を持つと跳びやすい

エッジのやや後ろ側に体重を乗せる意識で

ループジャンプは、一見、両足で踏み切っているようにも見えますが、実際は右足に体重を乗せて右足で踏み切るジャンプです。ループジャンプがうまく跳べないという人は、踏切前に重心の位置が前に寄っている（左足に乗っている）というケースが考えられます。跳ぶ前に前傾姿勢になっているとうまく跳ぶことができないので、後ろ（右足）に腰掛けるようなイメージで、ややエッジの後ろ側に体重を乗せてから踏み切ると良いでしょう。また、右足から垂直方向に跳びはじめると、カラダの軸が崩れずにスムーズに回転することが可能です。「一生懸命回転しなければ」という意識が強すぎると、上半身の動きが先行してカラダが左方向に振られてしまいがちです。しっかり踏み切ったら垂直に跳び上がる意識で行ないましょう。

動画をチェック!

中野友加里's ADVICE

ループジャンプは、他のジャンプに比べて、とくにエッジの乗り位置が肝となるジャンプです。重心の位置が少しでも狂うと失敗しやすいジャンプなので、体重移動のタイミングや、どこに重心が乗っているかを意識しながら練習しましょう。

17

ループ②

右足に腰掛けるような姿勢から踏み切る

練習のテーマ！▼
理想的なエッジの乗り位置を確認しよう

OK
Back
Check!
前のめり姿勢にならない
Check!
後ろに腰掛けるようなイメージで
右足に体重をかける
Check!
エッジの後ろ気味に重心を乗せる
Check!

まっすぐ腰を落として右足に体重を乗せる

ループジャンプをうまく跳ぶコツはエッジの乗り位置にあります。エッジのやや後ろ気味に重心を移動させてから踏み切ることで成功率が高まります。体重を移動させるときは、後ろの椅子に腰掛けるようなイメージで、まっすぐ腰を落とすことがポイントです。ヒザを曲げすぎると前傾姿勢になりがちなので注意しましょう。また、回ることを意識しすぎるあまり、カラダが横に倒れてしまう人も少なくありません。エッジが傾き転倒してしまうので、意識が偏り過ぎないように気をつけましょう。そして、ループジャンプはコンビネーションにも組み込み

NG
Back
Check!
前傾になると
うまく踏み切れない
回ろうという意識が強いと
エッジが傾きやすい
Check!

やすいジャンプです。コンボの場合は左足をつくことができないので、着氷した姿勢のままループジャンプに移る必要があります。このとき左足を空中に置いたまま右足で跳ぶため、力が入りカラダが前傾しがちです。コンボであっても、後ろに体重を置き、回り込んだり流れに逆らったりしないように跳びはじめましょう。

中野友加里's ADVICE

ループジャンプは、苦手としている女性が多いジャンプだと思います。ですが、前述したようにコンボでも使えるジャンプなので、練習をしておいて損はないジャンプです。苦手を克服してポイントアップを目指しましょう。

18 フリップ① トゥを小さくついてインサイドエッジで踏み切る

練習のテーマ！▼
エッジの向きに注意しながら練習しよう

お手本
1
2
3
Check!
インサイドエッジで踏み切る

POINT！
左足のエッジを内側に倒す
POINT！
トゥを小さく軽やかにつく

減点されない
正しい踏切を身につける

フリップジャンプは左足で後ろ向きに滑り、右足のトゥをついて左足のインサイドエッジ（親指側）で踏み切って跳ぶジャンプです。エッジを確実に内側に倒して踏切をしていないとエッジエラーをとられてしまうため注意しましょう。また、右足のトゥをつくときに小さくつくと、無駄な力が入らずに美しくジャンプできます。外側に外れてしまったり、つき方が強いとトゥが流れてしまいスムーズに回転に移行することができず、たとえ無理やり回転に持ち込めたとしても見栄えが美しくありません。エッジの向きやトゥのつき方は、一度悪い癖がついてしまうとなかなか改善しづらいポイントでもあります。我流にならずお手本通りの技術を身につけることを心がけて、できないときはまず半回転から練習すると良いでしょう。

動画をチェック！

中野友加里's ADVICE

右足のトゥは流れてしまいがちで、一箇所に「トン」とついて跳ぶのはとても難しい技術だといえます。これは、日本の女子選手の中では、安藤美姫選手がとても上手でした。機会があればぜひ動画などでチェックしてみてください。

19

フリップ②
上半身と下半身の回転のタイミングを一致させよう

練習のテーマ！▼
上半身が先行して回転すると失敗しやすい

NG
上半身が先行して回転している
OK

跳びたい欲を抑えて上半身を先行させない

どのジャンプにも共通して言えることですが、フリップでも上半身と下半身を回転させるタイミングを一致させることが大切です。失敗せずに跳びたい、一生懸命回転しなければという「跳びたい欲」が強過ぎると、上半身が先に回転しはじめ、下半身が両手を追いかける「跳び急ぎ」と呼ばれる動作になりがちです。回転するタイミングが上下でバラバラになってしまうと見栄えが悪いだけでなく、ジャンプの精度も下がってしまいます。癖が治らないという人は、半回転ずつ回転数を増やしながら練習しましょう。

OK
3
2
1
Check!
上半身と下半身を
同時に回転させる

NG
3
2
1
Check!
下半身が残っていると
失敗につながりやすい

OK
しっかりトゥが
つけている

NG
トゥが流れている

フリップ③
1ケ所にしっかりとトゥをつく

練習のテーマ！▼
トゥが流れるとスムーズに回転しづらい

トゥが流れると余計な負荷がかかる

トゥが流れるとスムーズな回転につなげることができなくなってしまうため、なるべく小さく1ヶ所についてから跳び上がるのが理想です。トゥが流れるということは、つまり、一度エッジに乗ってから跳びはじめていることと同義だと言えます。余計な負荷がかかっているため、そこから踏み切ってジャンプを跳ぶためには、より大きな力が必要です。結果的にスムーズに回転に移行できずジャンプのスピードも落ちやすくなります。できるだけコンパクトにトゥをついてから跳ぶことで、高さと距離のあるジャンプを実現できます。

21

フリップ④

インサイドエッジで踏み切る

練習のテーマ！▼ 正しいエッジの向きを身につけよう

フラットな状態　　アウトサイドエッジな状態

内側にエッジを倒してから踏み切る

フリップはエッジエラーやアテンションを取られるケースがあるジャンプのひとつです。左足のエッジを内側（親指側）にしっかりと倒してインサイドエッジで踏み切れるように繰り返し練習しましょう。左足のエッジを内側に倒した状態のまま右足のトゥをついて跳び上がるイメージです。エッジはフラットの状態でも減点の対象と見られ、外側に倒れているとエラージャンプとみなされてしまいます。ジャンプを跳ぶ前の細かい部分ですが技術点に直結する部分でもあるので、正しい踏切の形を身につけましょう。

22 ルッツ① 左足を外側に倒して踏み切る

練習のテーマ！▼
エッジの向きとトゥのつき方を確認しよう

お手本
1
2
3
Check!
右足のトゥを
しっかりつく

POINT！
左足のエッジを
外側に倒す
POINT！
右足のトゥが
流れないように注意する

6
5
4
Check!
素早くコンパクトに回転する

アウトサイドエッジを確実にマスターする

ルッツジャンプは後ろ向きで左ヒザを曲げて滑り、右足のトゥをつき、左足のエッジをアウトサイド（小指側）に倒して踏み切るジャンプです。エッジを倒す向きがフリップとは逆になっていると考えれば良いでしょう。フリップジャンプと同様に明確にアウトサイドに倒さなければエッジエラーを取られてしまうので、練習から正しい踏切姿勢を心がけましょう。また、ルッツは6種類のジャンプのなかでアクセルをのぞいてもっとも難易度の高いジャンプです。それは、アウトサイドエッジでの踏切が難しいことだけでなく、唯一、滑る方向とは逆方向に跳ばなければならないジャンプでもあるからです。回転方向に逆らうような形で跳びはじめるため、最初は感覚をつかみづらいかもしれませんが、焦らずに基本姿勢を確認しながら練習を重ねましょう。

動画をチェック!

中野友加里's ADVICE

得意とされている選手ももちろんいますが、教科書通りに跳ぼうとしたときに、いちばん難しいジャンプがルッツだと思います。正しいエッジ、姿勢、踏み切りを身につければ、プログラムに構成した際に、技術点で高得点を狙えるでしょう。

23

ルッツ②
アウトサイドエッジで踏み切る

練習のテーマ！▼
外側に倒してトゥをついて踏み切ろう

OK
Check!
左足を外側に
倒してからトゥをつく

前屈みにならず確実に外側へエッジを倒す

ルッツでは、左足に乗ってバックワードのアウトサイドエッジで踏み切りましょう。エッジを外側に倒してからそのまま回転するというのはとても難易度の高い技術ですが、ロングエッジ（誤った踏切）を取られないためにもしっかりと反復練習で身につけましょう。また、右足はフリップと同様にしっかり1ヶ所にトゥをつくことがポイントです。トゥをつく際に前傾姿勢になっている人が見られますが、見栄えが悪くその後に綺麗にカラダを回転させることもできません。跳びたい気持ちが強いと前屈みの姿勢になりやすいので注意しましょう。

NG
フラット
Check!
フラット気味では減点の
対象になってしまう

NG
インサイド
Check!
内側に倒すとフリップとみられ
減点になってしまうので注意

フリップと同様にルッツでも小さく１ヶ所にトゥをつくことが大切です。滑走方向と逆方向に跳ばなければならないルッツでは、スムーズに回転に移行するためにも、よりトゥが流れないように意識することが大切です。

POINT !

右足のトゥをしっかりつけないと失敗の原因になりやすい

24

ルッツ③

両腕を素早く引き付けて回転する

練習のテーマ！▼ コンパクトで俊敏な回転を身につけよう

腕が伸びたまま回転している
NG
OK

トゥをついたらすぐに腕を引きつける

トゥをつくタイミングと上半身の動きが一致していないと回転不足が起きやすくなります。「トリプルを跳ぼうとしたのにシングルになってしまった」という、いわゆる「抜けた」と呼ばれる状況が起こるのは、両腕を引きつけるタイミングがバラバラだからです。これはトリプルやダブルに限ったことではなく、シングルであっても4分の1回転が足りないまま着氷してしまうなど、どのレベルの選手にも見られる傾向です。腕を伸ばしたままカラダを回転させるのではなく、両腕を素早く引きつけながら回転につなげることを心がけましょう。

OK
1
2
3
Check!
腕を引き付けてから
回転を行なう

NG
1
2
3
Check!
腕を伸ばしたままでは
スムーズに回転できない

25 アクセル①
スピードを落とさずに跳ぶ

練習のテーマ！
できないときは重心の位置と姿勢を見直そう

お手本
1
スピードを落とさずに
ジャンプへ入る
Check!
流れに逆らわず
斜め45°に跳ぶ
Check!
2
背筋を曲げず足のつけ根に
体重を乗せるイメージ
Check!
3

POINT！
跳び上がってから
回転すると美しい

POINT！
前に踏み込み
すぎずに跳ぶ

回転が足りなくても片足で降りる癖をつける

アクセルは6種類のジャンプの中で、左足に体重を乗せて唯一前向きに踏み切るジャンプです。他のジャンプよりも半回転多く回転する必要があり難易度がもっとも高いとされています。得意な選手と不得意な選手が両極端に分かれるジャンプでもありますが、アクセルはルール上、ショートプログラムでもフリースケーティングにも必ず組み込まなければならないため、決して避けては通れないジャンプです。うまく跳ぶことができないという人は、まずは一回転でも良いので必ず片足で着氷できるようになることからはじめましょう。最初は回転が足りなくても問題ありません。片足で降りることを習慣づけて繰り返し練習することで、だんだんとカラダが回転する感覚をつかめるはずです。氷上だけでなく陸上で回転の練習を行なうことも有効です。

動画をチェック!

中野友加里's ADVICE

最近はトリプルを5種類跳ぶことができる選手が多くいます。ですから、アクセルの技術を徹底的に磨いて、トリプルアクセルを自分の武器にすることができれば、大会で勝利をつかむためのひとつのポイントになると思います。

26

練習のテーマ！▼

アクセル②
内側に入り込まず斜め45°方向へ跳ぶ

跳びたい意識が強過ぎると軌道が乱れがち

3
4
前傾しすぎないように
注意する
Check!

内側へ回り込まず斜め一直線に跳ぶ

アクセルの成功率を高めるためには、ジャンプ前の軌道がとても大切です。よく回り込んでしまう人がいますが、これではカラダに余計な力が入ってしまうため、回転不足に陥りがちです。また、力みが抜けていないと着氷した後も動きの流れが止まってしまいます。スピードを落とさずに、流れに逆らうことなく斜め45°の方向へ跳ぶことを心がけましょう。内側へ入り込んでしまうのは、「回ろう、回ろう」という意識が強くありすぎるからだとも言えます。十分に力を抜き「斜め45°に跳び上がって回転する」ということを徹底しましょう。

OK
1
2
斜め45°方向へ
跳び上がる
Check!
スピードを落とさずに
その場でジャンプ
Check!

アクセルはどうしても前のめりになりやすいので、背中をまっすぐに伸ばして踏み切るのがポイント。ループジャンプと同じように足のつけ根に重心を乗せるイメージを持つと良いでしょう。

OK
1
2

POINT！

**余計な力を入れずに
スピードにのったまま
ジャンプ**

27 アクセル③ 深く踏み込み過ぎないように注意

練習のテーマ！▼

アクセルを成功させるカギは減速しないこと

3
減速すると
回転できない
Check!
雪肌
SEKKI
Check!
内側に回り込まないように
注意する

深く踏み込まず フワッと跳ぶ

アクセルはヒザを曲げて踏み切りますが、このときに上半身（背中）が曲がったり、前傾が深くならないように注意しましょう。よく踏み込んだ瞬間に前のめりになっている人がいますが、あまり深くまで沈み込み過ぎると、ジャンプ前にカラダを起こすという余計な動作が加わってしまうのでスムーズに回転につなげることができません。一見、大きく踏み込んでパワーを蓄える方がジャンプの高さも出そうに思えますが、軽くフワッと跳び上がる方が回転しやすいのです。ジャンプ前にスピードを落とさないためにも踏み込み過ぎに注意しましょう。

NG
1
力むと前傾姿勢に
なりやすい
Check!
2
カラダを起こして踏み切るため
余計な力が必要
Check!

アクセルジャンプを成功させるためには、できるだけスピードを落とさないことが大切です。内側に回り込むような軌道をとるとそれだけ減速してしまうので、斜め一直線に跳ぶことを意識しましょう。

POINT！

背筋を曲げず重心を足のつけ根（腰）に乗せるイメージ

column

緊張しても良い。味方に変えればうまくいく

大会で緊張してしまうことに頭を悩ませている選手も多いかもしれません。ですが、私は、むしろ緊張するべきだと思います。緊張していないときは、しっかり集中できていないときだとも言えるからです。調子が良く安心しきっているときほど、本番でガタガタに崩れてしまいがちです。反対に、調子が悪いときの方がうまくいったというケースも少なくないでしょう。これは、不安があるときこそ人間はより慎重になるので、集中力が高まり、ひとつ一つの動作を丁寧に行なおうと考えるからです。最大限のパフォーマンスは発揮できなくとも、結果的に点数は伸びたということもあるでしょう。競技とは何が起こるか分からないものであり、決して普段通りにいかないのが大会です。練習通りの演技を80%出し切ることができれば十分だと言えます。状況によっては「思い切り」も重要ですが、緊張をうまく集中力に変えて、無欲無心で演技をすることが大切です。

Part 3 ジャンプを多彩に見せるステップ

ジャンプの前に組み合わせる各種ステップの技術を磨きましょう。

Part 3

ジャンプを多彩に見せるステップ

28

ツイズル

細かく回転しながら素早く連続して行なおう

エッジの真ん中よりもやや後ろに体重を乗せて、細かく素早く回りましょう。背筋を伸ばしてお尻が出ないように注意します。

練習前にココをチェック▼

・・・ツイズル上達のコツ・・・

◎細かく回転しながら移動しよう

◎スピンやスリーターンにならないように注意

◎前後左右両足ともにできるようになろう

◎一回ずつ止まらないように心がけよう

◎ツイズル終了後もバランスを保とう

◀◀◀ バックアウト（ライト）

◀◀◀ バックアウト（レフト）

◀◀◀ バックイン（ライト）

◀◀◀ バックイン（レフト）

◀◀◀ フォアアウト（ライト）

◀◀◀ フォアアウト（レフト）

◀◀◀ フォアイン（ライト）

◀◀◀ フォアイン（レフト）

29

円形に軌道を描いてターンする
ブラケット

ターンした後に前屈みにならないように気をつけましょう。腰を引かずお尻を前に出し、足首に乗っかるイメージで回転します。

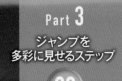

練習前にココをチェック▼　・・・ブラケット上達のコツ・・・

◎うまく体重を移動させよう

◎円形に軌道を描くイメージで行なおう

◎足首を深く曲げてテンポ良くターンしよう

◎背中に体重を乗せるイメージで回転しよう

◎ターン後に前傾しないように意識しよう

◀◀◀ バックアウト（ライト）

◀◀◀ バックアウト（レフト）

◀◀◀ バックイン（ライト）

◀◀◀ バックイン（レフト）

◀◀◀ フォアアウト（ライト）

◀◀◀ フォアアウト（レフト）

◀◀◀ フォアイン（レフト）

◀◀◀ フォアイン（ライト）

30

ロッカー

軌道に逆らわずカーブの方向へターンする

後ろ体重になり過ぎると転倒してしまいます。背中からお尻までがまっすぐ一直線になるような姿勢を維持しながら行ないましょう。

練習前にココをチェック▼

・・・ロッカー上達のコツ・・・

◎ターン前後のチェンジエッジに注意しよう

◎腰を引きすぎないように注意しよう

◎軌道に逆らわず素早く回転しよう

◎足首に体重を乗せるイメージで行なおう

◎自分の乗りやすいフリーレッグの位置を
見つけよう

バックアウト（ライト）▶▶▶

◀◀◀ バックアウト（レフト）

◀◀◀ バックイン（ライト）

バックイン（レフト）▶▶▶

フォアアウト（レフト）▶▶▶

◀◀◀ フォアアウト（ライト）

フォアイン（ライト）▶▶▶

◀◀◀ フォアイン（レフト）

◀◀◀ バックアウト（ライト）

◀◀◀ バックアウト（レフト）

◀◀◀ バックイン （ライト）

◀◀◀ バックイン （レフト）

◀◀◀ フォアアウト（ライト）

◀◀◀ フォアアウト（レフト）

◀◀◀ フォアイン（ライト）

◀◀◀ フォアイン（レフト）

Part 3

ジャンプを
多彩に見せるステップ

31

入りのカーブと逆方向にターンする カウンター

入った方向のカーブとは逆へターンするのがカウンターです。足首に体重を乗せるイメージで軌道に逆らわずに行ないます。

練習前にココをチェック▼ ・・・カウンター上達のコツ・・・

◎ターン前のチェンジエッジはNG！

◎背中が曲がらないように注意しよう

◎軌道に逆らわずスムーズにターンしよう

◎後ろに倒れないギリギリに体重を乗せよう

◎ちょうど良いフリーレッグの位置を見つけよう

バックアウト（ライト）▶▶▶

◀◀◀ バックアウト（レフト）

◀◀◀ バックイン（ライト）

バックイン（レフト）▶▶▶

◀◀◀ フォアアウト（ライト）

フォアアウト（レフト）►►►

フォアイン（ライト）►►►

◄◄◄ フォアイン（レフト）

32 チョクトー

足をクロスしてインサイドからアウトサイドへ

後ろ体重を維持しながら足を踏み替えましょう。フォアインサイドからバックアウトサイドに移るチョクトーが多く使われます。

練習前にココをチェック▼　・・・チョクトー上達のコツ・・・

◎円に沿って足を踏み替えよう
◎転倒しないギリギリの後ろ体重が理想
◎背中をあずける感覚で行なおう
◎インサイドからアウトサイドへは素早く
◎かかとの後ろに体重を乗せて正しいエッジで

◀◀◀ レフト

ライト ▶▶▶

33

ループ

等間隔な楕円を描くように滑ろう

ターンが終わるまでヒザを曲げ続けることが大切です。ヒザの我慢ができずに伸びてしまうと、等間隔の楕円を描くことはできません。

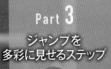

練習前にココをチェック▼

・・・ループ上達のコツ・・・

◎等間隔で回転することを意識する

◎「魚」にならずに楕円を描こう

◎ループを出た後に足をつかず余韻を持つ

◎踏み込みが強すぎたり弱すぎたりしないように

◎途中でヒザを伸ばさないように心がけよう

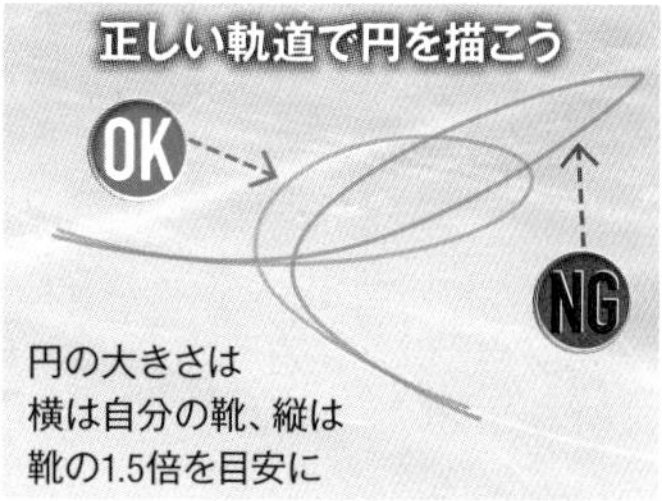
正しい軌道で円を描こう
OK
NG
円の大きさは
横は自分の靴、縦は
靴の1.5倍を目安に

◀◀◀ バックアウト（ライト）

◀◀◀ バックアウト（レフト）

◀◀◀ バックイン（ライト）

◀◀◀ バックイン（レフト）

◀◀◀ フォアアウト（ライト）

◀◀◀ フォアアウト（レフト）

◀◀◀ フォアイン（ライト）

◀◀◀ フォアイン（レフト）

column

一呼吸置いて観客を引きつける

演技の見栄えをよくするコツは「三階席にいる観客にもアピールする意識を持つ」ことです。私もよく「三階席の人に話しかけるように演技をしなさい」とアドバイスされていました。お客さんは360°すべての方向にいます。「頭しか見えなかった」「顔がまったく見えなかった」と言われないような演技を心がけましょう。また、当然のことながら採点を行なうジャッジにもアピールしなければなりません。ジャッジの目をなるべく見ると良いでしょう。目力のある選手はパフォーマンスの面でプラスにつながります。加えて、私は「間の取り方」を意識していました。忙しい演技にならずに、ときどき一呼吸おいて、観客やジャッジに「次はどんなことをするんだろう？」と思わせることで、より自分のプログラムに引きつけることができます。手や首の角度、表情のつけ方といったことだけでなく、呼吸の取り方も演技をより美しくリズミカルに魅せるポイントになります。

Part 4

＋評価を多くもらうためのテクニック

5コンポーネンツについての知識を深め、ポイントアップを目指しましょう。

34

高さと距離

ジャンプ前にスピードを落とさない

練習のテーマ！▼

減速しない技術を身につけよう

POINT！

構えを長く取りすぎると減速しやすいので注意しよう

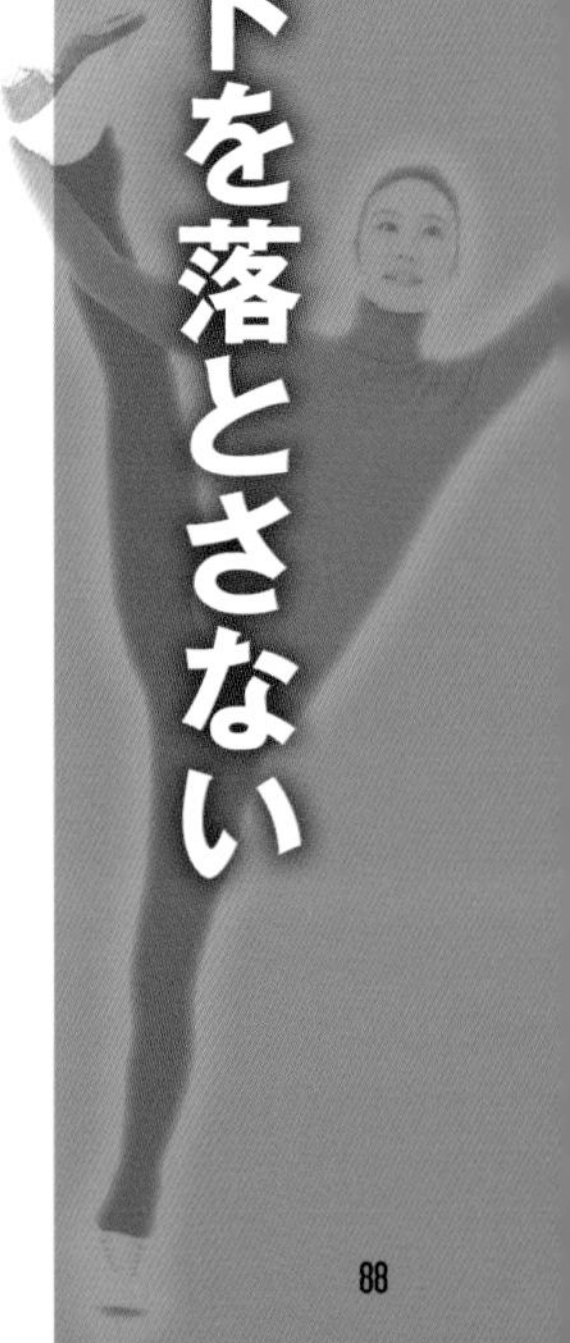

跳びはじめる前にスピードを落とさない

高さと距離を出すためには、跳ぶ瞬間にスピードを落とさないことが大切です。プレッシャーのかかる中では無意識のうちに構えが長くなり減速してしまいがちなので、ブレーキをかけずリズムにのってジャンプに移行できることを目指しましょう。

高さと距離が優れていれば、加点につながります。高さと距離の両方を兼ね備えたジャンプを実現するのはとても難しいことです。自分は高さを出せるのか、距離を出せるのかを分析して、より得意な技術を磨くのも良いでしょう。

35

踏切と着氷 ランディング姿勢を2秒保つ気持ちで

練習のテーマ！▼

正しい踏切と着氷姿勢を磨こう

踏切
POINT！
エッジの正しい向きはシングルジャンプでしっかり身につける

着氷姿勢
POINT！
肩の位置、手の位置、背中を曲げないなど練習中から姿勢を意識！

着氷したら ツーテンポ「間」をとる

正しい踏切動作はシングルジャンプを習得するときに、しっかりと身につけておきましょう。踏切時の姿勢やカラダの向き、エッジの向きなどは一度悪い癖がつくと修正にとても時間がかかるからです。また、加点につながる着氷姿勢のポイントは、降りたときの姿勢をしっかり保つことです。ジャンプを降りてからすぐに次の動作に移るのではなく、ツーテンポ「間」をあけると流れが途切れず、全体的な見栄えも良くなります。着氷したらそのままの姿勢を2秒キープするような心持ちでいると、観客やジャッジを魅了する演技につながります。

36

練習のテーマ！▼

踏切から着氷まで力みがない

肩と背中を落として力を抜く

力みのないスケーティングを心がけよう

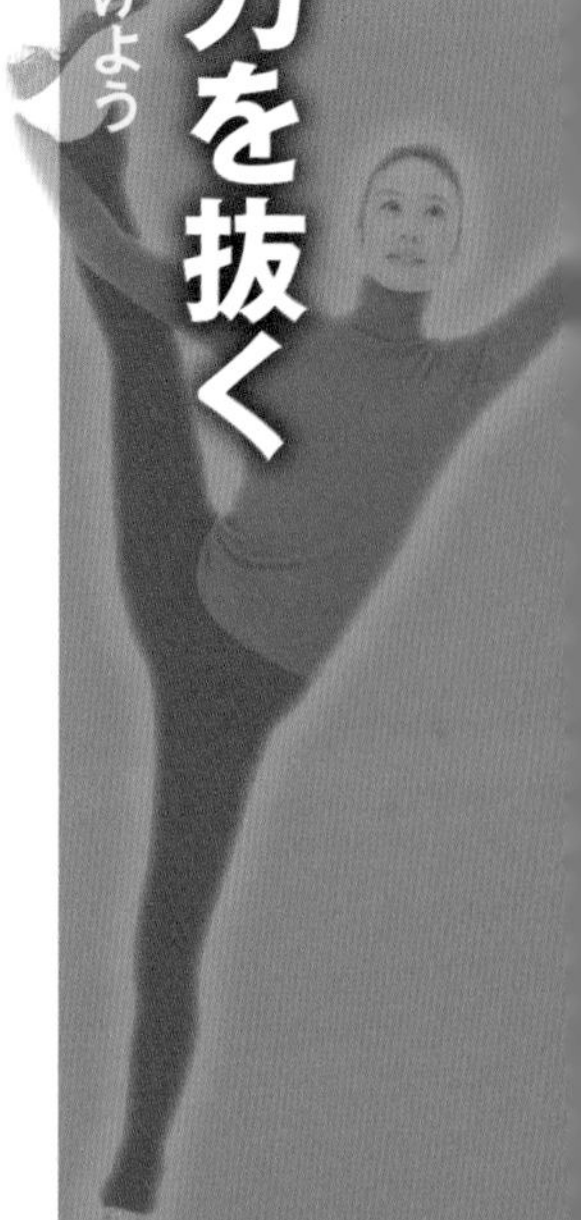

余計な力を抜けば普段通りに跳べる

練習時にはリラックスできていても、本番になるとどうしても余計な力は入ってしまいがちです。とくに「ジャンプを跳ばないと」と思うほど肩に力が加わりがちなので、普段から肩を落として背中を伸ばし、力みのないスケーティングを心がけましょう。無駄な力が入ると見栄えが悪くなってしまうだけでなく、ジャンプの精度も下がってしまいます。力を抜くことはあらゆる面でプラスに働きます。踏切からスムーズに回転に移行できなかったり、回転不足のまま着氷してしまうという人は、上半身が力んでいないかを確認すると良いでしょう。

肩の力を抜いて
優雅な姿勢を維持しよう

POINT！

力が入り過ぎると
本来のジャンプができず
ランディングも
美しく見えない

37

ジャンプ・コンボではリズムを大切に①

ポーン・ポーンと同じリズムで跳ぶ

練習のテーマ！▼

バランス良くジャンプを跳ぼう

2
1
一つ目▶ダブルトゥループ
Check!
構えで失速しないようにするとベスト

9
10

動画をチェック！

5
4
3
Check!
一つ目のジャンプを
力いっぱい跳ばず
二つ目のジャンプに
つなげられる力を残す
6
7
8
Check!
内側に回り込まず
ゆるやかなカーブを
意識
二つ目▶ダブルトゥループ

38

ジャンプ・コンボではリズムを大切に②

一つ目を跳んだ後に失速せず二つ目につなげる

練習のテーマ！▼
失速を回避する姿勢を確認しよう

減速しない
着氷姿勢を意識

一つ目で失速するとリズムが乱れる

コンビネーションジャンプを成功させるためには、一つ目のジャンプを綺麗に跳ぶこと、そして、跳んだ後に失速しないことがポイントです。よくあるのは〝一つ目は跳べたものの、その後にスピードが落ちてしまい、なんとか二つ目を跳んだ〟というケース。このように、二つ目のジャンプで失速してしまったり、それぞれのジャンプのリズムが乱れると加点につながりません。「ポーン・ポーン」と同じリズムで、バランス良く跳ぶためには、一つ目のジャンプの入りから減速せず、ブレーキがかからない着氷姿勢をとることが大切です。

39

ジャンプ・コンボではリズムを大切に③

美しく魅せるためには軌道で回り込まない

練習のテーマ！▼ 軌道を意識しながらジャンプを行なおう

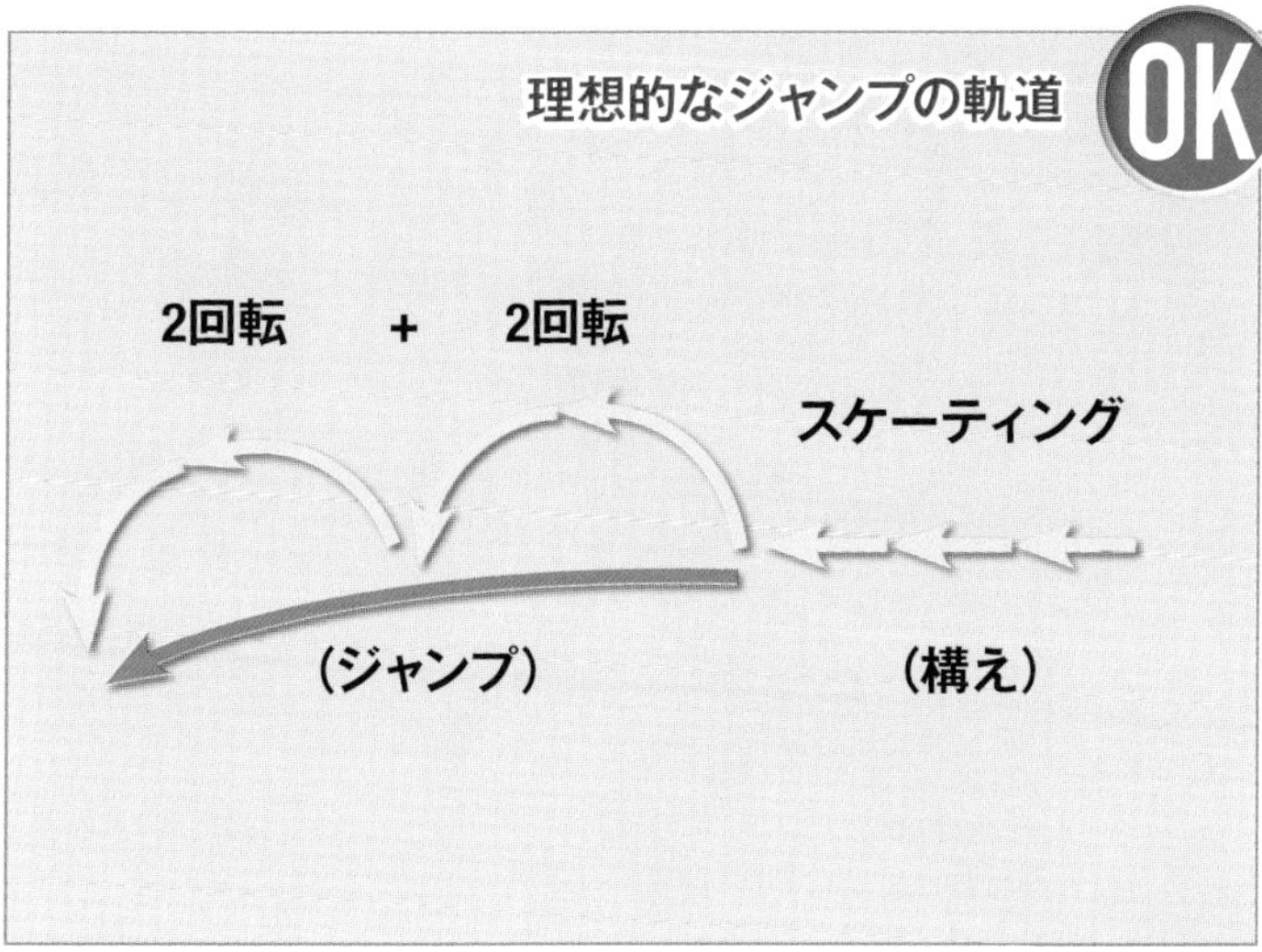
OK
理想的なジャンプの軌道
2回転
+
2回転
スケーティング
（ジャンプ）
（構え）

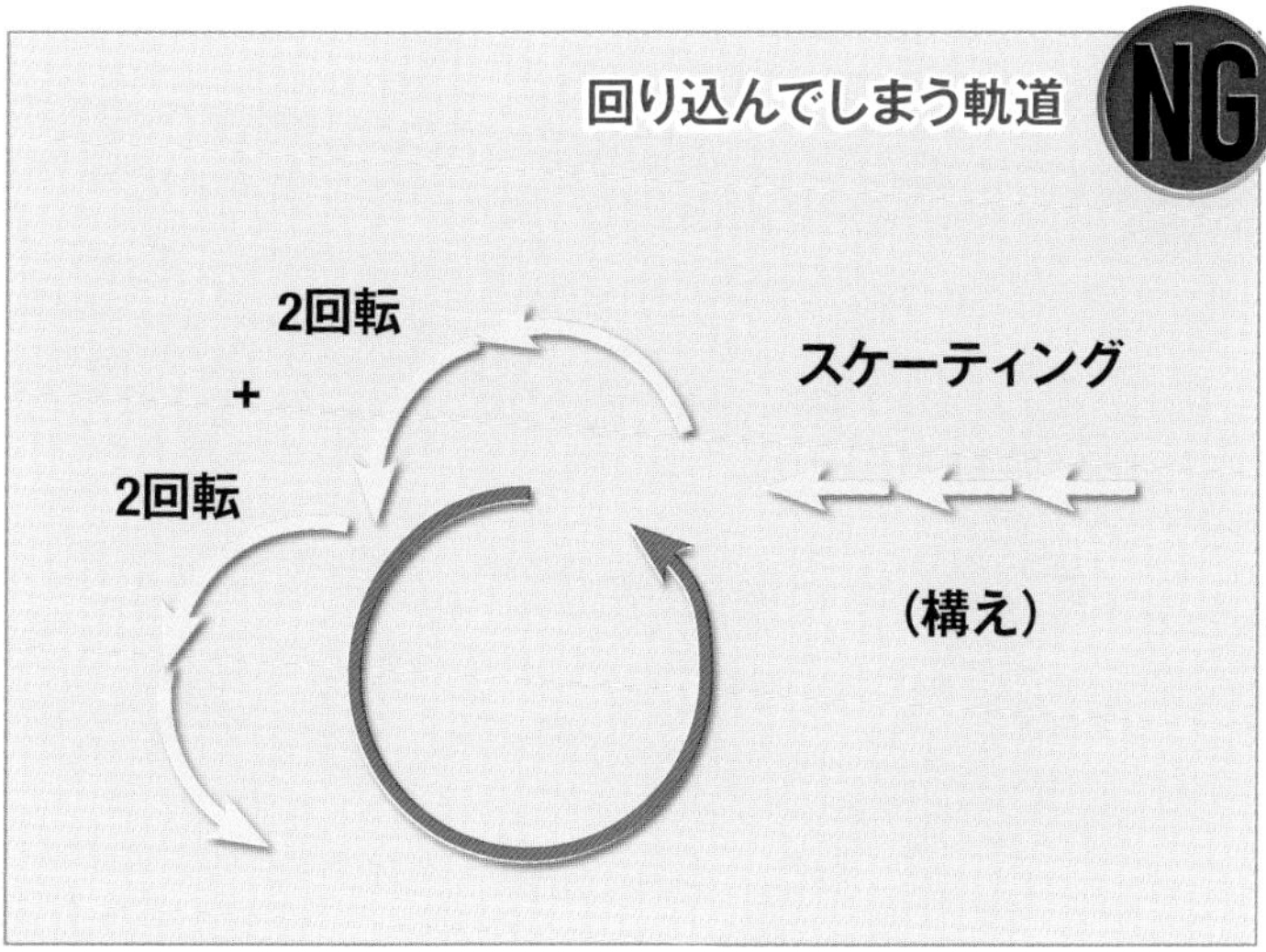
NG
回り込んでしまう軌道
2回転
+
2回転
スケーティング
（構え）

軌道で回り込むと失速しやすい

一つ目のジャンプで高く跳び過ぎてしまうと、勢い余って回り込んだ軌道を描いてしまい、結果的に失速するケースがあります。一つ目のジャンプに高さがあるのは良いことですが、スピードは落ちるので二つ目は跳びにくくなります。コンビネーションはできるだけゆるやかなカーブで跳ぶことが大切です。

また、一つ目のジャンプで回転不足を起こさないことも心がけましょう。回転が足りないとスピードが落ちてしまい、カラダに余計な力が加わります。たとえジャンプは成功しても、結果的にあまり見栄えの良いものにはならないのです。

40

3連続ジャンプ①

減速せずにリズム良く3つつなげる

練習のテーマ！▼ スピードを落とさないための姿勢をチェックしよう

一つ目▶ダブルトゥループ

Check! 二つ目、三つ目のジャンプにつなげられる力を残す

動画をチェック!

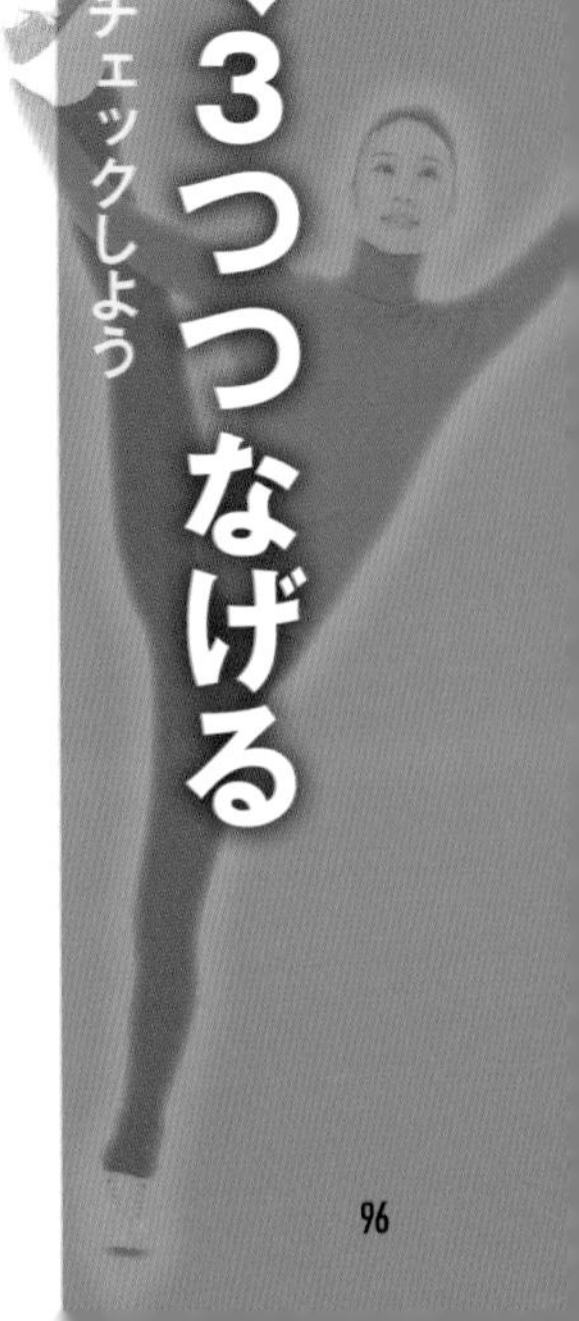

3
4
二つ目▶ダブルトゥループ
5
Check!
軌道は内側に回り
込まないように注意
Check!
肩の力を抜いて
踏切から着氷までの
美しい流れを保つ
6
7
8
Check!
失速したり、バランスを崩したら
二つ目でとどめるか、
三つ目のジャンプを変更する
などの判断を
三つ目▶ダブルループ

41

3連続ジャンプ②
オイラーでコンボにバリエーションを

練習のテーマ！▼
オイラーを組み合わせたジャンプに挑戦してみよう

2
1
Check!
二つ目、三つ目まで
つなげられる
パワーを維持する
一つ目▶ダブルトゥループ

9
10

動画をチェック!

シングルオイラーは
素早く回転し、間を取り過ぎず
テンポよく跳ぶと美しい

二つ目▶シングルオイラー

軌道は内側に
回り込まないように
ゆるやかなカーブを意識

余分な力が入ると
美しい流れが
保てないので注意

三つ目▶ダブルサルコウ

42

3連続ジャンプ③

姿勢、スピード、タイミングが成功のカギ

練習のテーマ！▼

3連続ジャンプの精度を上げるコツを学ぼう

3連続ジャンプを成功させる4つのポイント

一つ目を正しく跳ぶ
何よりも一つ目のジャンプで力まない、失速しないことが、二つ目、三つ目のジャンプにつながる
スピードを落とさない
一つ目のジャンプから三つ目のジャンプまでをつなぐためには、とにかくスピードを維持する！
姿勢を崩さない
踏切動作や着氷姿勢が乱れると失速しやすい。ブレーキがかからないように細かい基礎も徹底する
状況に合わせて種類を変える
スピードに乗れているか、また、自信はあるかどうかによってジャンプの組み合わせを途中で変える

三連続につなげるスピードを維持する

三連続ジャンプを跳ぶコツは、第一にスピードを落とさないことです。三つのジャンプを連続して跳びきるためのスピードを維持できなければ、三つ目でバランスを崩してしまったり回転不足になったりしてしまいます。またコンビネーションジャンプと同様に、一つ目のジャンプをいかに美しく跳ぶかもポイントです。ジャンプを組み合わせる上で、二つ目や三つ目に難度の高いジャンプを使用する人は少ないはずです。一つ目のジャンプを理想の形に持っていくことが連続ジャンプ成功の鍵になります。失速を防ぐためには、基本通りの踏切姿勢や着氷姿勢を心がけること、また、中～上級者であれば、状況にあわせてジャンプの組み合わせをコンボの途中で変えられるようになることも大切です。

43

ジャンプの前後にコネクティングステップを組み込んだ入り方①

練習のテーマ！▼

イーグルをジャンプ前後に入れる

オリジナルな入り方を身につけよう

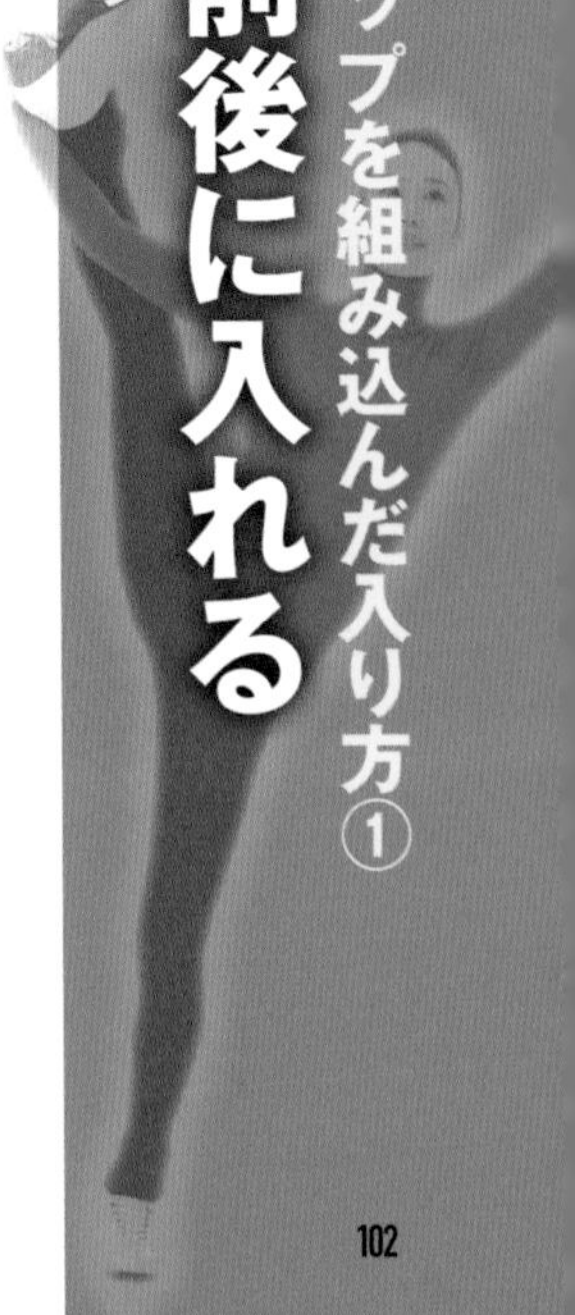

つなぎの技を磨き加点を狙う

プログラムの中で、ただ構えてジャンプを跳ぶだけでは、独創的な入り方とは見られず、ある一定の加点しかもらえません。ジャンプを跳ぶ前にＰａｒｔ３で解説したようなステップを行なったり、イーグルやイナバウアーなどの要素を組み合わせることで、より高く評価されると言えます。＋５をもらうためにはこういった技と技をつなぐ技術も磨く必要があるのです。

イーグルは、クラシックバレエの2番ポジションをとり、両足を１８０。開いた状態で滑ります。背中が丸まったり、お尻が出たりしないように注意しましょう。イーグルやＰ１０４で

バリエーションにも挑戦してみよう

動画を
チェック!

POINT !

お尻が出て
姿勢が悪く
ならないように
注意する

紹介しているイナバウアーは、魅せる時間だけでなく呼吸を整える時間としても有効です。ジャンプのタイミングもつかみやすくなるので、是非身につけてほしいテクニックだといえます。

44

ジャンプの前後にコネクティングステップを組み込んだ入り方②

エッジコントロールを駆使して行なう

練習のテーマ！▼

理想的なイナバウアーの姿勢を確認しよう

スピードに乗ったままの状態から姿勢をとる

イナバウアーは、クラシックバレエの4番ポジションをとって前方のヒザを曲げ、前に出ている足の爪先方向へそのまま滑りましょう。見栄えを良くするポイントは、動作に入る前に十分に加速しておくことです。基本的にイナバウアーを行なっているときは、車のアクセルペダルから足を離している状態なので、さらに加速することができません。つまり、はじめに勢いをつけておかないと、どんどん失速してしまい途中で止まってしまうことがあるのです。スピードに乗った状態でポジションをとることを心がけましょう。

2

動画をチェック!

バリエーションにも挑戦してみよう

POINT！

足を前後に開き
爪先は180°広げます。
肩の高さを一直線に
キープしよう

45

練習のテーマ！▼

踏切から着氷までの姿勢

手の位置や肩の位置をより意識する

加点につながる姿勢のポイントを学ぼう

POINT！

とくにジャンプ前後は肩が前に入りやすいので注意しよう

着氷後に手が動いたり前傾したりしない

理想的なランディングは、「降りたときの姿勢」を維持することです。回転の勢いがつき過ぎると着氷後になんとかバランスを取ろうと手が動いてしまうケースがよくあります。できるだけ動かさずに姿勢をキープできるようになりましょう。反対に、回転ギリギリで着氷した場合はカラダが前傾してしまいがちです。肩を下げて、胸を張った美しい姿勢を心がけましょう。また、ジャンプを跳ぶ前は「綺麗に跳びたい」という気持ちが強くなり力が入りやすくなります。基本姿勢が正しく取れているか、今一度確認してみましょう。

46

技が音楽に合っている曲と振付のタイミングをマッチさせる

練習のテーマ！▼ 曲が〝BGM〟にならないように心がけよう

POINT！
練習からいつも同じ動きを行なえば本番での再現性がアップする

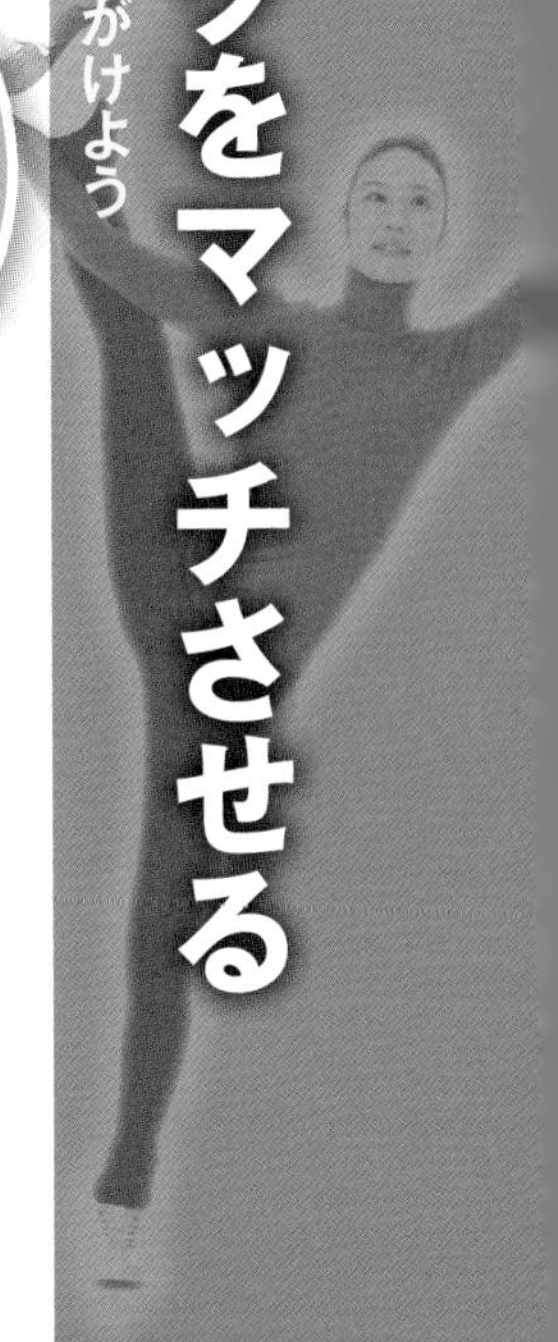

「いつも同じ動き」を徹底して反復する

音楽が終わっているのにジャンプを跳んでいたり、明らかに音楽と振り（表現）にズレが生じていると「振付が音楽と合っていない」と判断されてしまいます。このテクニックを磨くためには、〝この部分では目をつむる〟〝この音楽が流れたらこの動作をする〟というように、「日々の練習の中でいつも同じ動作を行なう」ことがポイントです。本番では緊張やプレッシャーが邪魔をして、予期せぬところで音楽と演技がズレてしまうことがあります。普段の練習からいつも同じ動作や演技を徹底していれば、再現性を高めることができるのです。

47

プログラムを美しく魅せるために

美しく魅せるための動き方を研究する

練習のテーマ！▼ 細かい部分まで気を配って演技しよう

顔つきや指の使い方を研究して表現する

プログラムの完成度を上げるためには、「練習を本番だと思ってやる」ことに尽きます。いろんな指導者の方が言われていることでもありますが、練習でできないことは本番でもできないからです。とくに、練習から表情をつけて滑ることがとても大切です。村主章枝さんは練習から、本番さながらに表情をつけて演技をされていました。この積み重ねが本番に必ず活きてくると思います。また、陸上での練習も必須です。これは陸上で行なうトレーニングだけではありません。陸上でも音楽をかけながら鏡の前で踊ってみると良いでしょう。実際に氷上で演

POINT！
練習でも本番を想定して
表情をつけながら
演技する
POINT！
首の角度や指先
顔の位置まで
細部の動作を研究して磨く
POINT！
原作や舞台を見るなど
自分なりに
振付を解釈する

技をしているときは、どんな動きをしているか、どんな表情をしているかは自分では分からないものです。首の角度や指先の使い方一つで見え方は格段に変わります。鏡の前で顔つきや動作をチェックしたり、スマホなどで撮影した動画を確認することも有効です。自分がもっとも美しく見える角度やポーズを研究してみましょう。また、自分の選んだ曲が舞台化や映画化されているのであれば、目でみて鑑賞し曲の感性を盗むこともポイントです。すべてを真似する必要はないので、良いと感じたところ、美しく見える目線や指の使い方を自分なりにアレンジして表現してみましょう。音楽の解釈は人それぞれで構いません。スケート以外のコンテンツからインプットしたものを、自分なりに演技にアウトプットできるようになると、プログラムの完成度はぐっと高まると思います。

48

ジャンプの学び方

練習のテーマ！▼

何よりもお手本となる基礎を確実に身につける

教科書通りの技術を身につけることを目指そう

基礎・基本技術を丁寧に、正確に学ぶ

ジャンプの技術を向上させるためには、原点回帰の部分として基礎トレーニングを積むことが大切だと思います。基礎が身についていないと演技で点数が伸びないだけでなく、バッジテストでも高い評価をもらえません。現役を引退して見る側にまわった今、あらためて基礎の重要性を感じる場面は多々あります。ジャンプの教え方というのは、人それぞれ先生によって教え方の違いやコーチングのスタイルがあると思います。たくさんの指導法があるなかでも、基礎だけは、きちんと丁寧に正確なものを学ぶことが、選手にとって大きなプラスになるはずです。また、後々大きな大会に出場したときに必ず評価される部分ではないかと思います。選手にとってコーチの存在はとても大きなものです。「良い指導をしているね」とコーチが評価されれば、選手のモチベーションもあがります。そんな指導者に巡り会えると良いなと思います。私の経験ですが、コーチの方たちには、選手の新たな魅力を引き出してあげると選手の励みになると思います。それぞれの個性・魅力、得意な要素を引っ張り出してあげることが大きな成長につながるはずです。私自身も、佐藤信夫先生に従事してからたくさんの引き出しを見つけてもらいました。「こんなこともできるんだ」と、自分が知らない能力にたくさん気づくことができました。これは選手にとっても本当に嬉しいことで、さらなるステップアップの励みになると思います。

STAFF
●編集・取材・構成・映像／株式会社多聞堂
●写真撮影／勝俣寛晃
●デザイン／田中図案室
●取材協力／アスリートマーケティング・オレンジチアーズ

フィギュアスケート　ジャンプ完全レッスン
動画で技術と魅せ方に差がつく

2021年1月30日　第1版・第1刷発行

監修者　中野　友加里（なかの　ゆかり）
協　力　無良　崇人（むら　たかひと）
発行者　株式会社メイツユニバーサルコンテンツ
（旧社名：メイツ出版株式会社）
代表者　三渡　治
〒102-0093 東京都千代田区平河町一丁目1-8
印　刷　三松堂株式会社

◎『メイツ出版』は当社の商標です。

ご意見・ご感想はホームページから承っております。
ウェブサイト　https://www.mates-publishing.co.jp/

編集長：折居かおる　副編集長：堀明研斗　企画担当：堀明研斗